En especial para Alaa, y para todas las víctimas y sobrevivientes de la guerra civil Siria
—I.L.

Dedico este libro a mis tres hijos, Zade, Dury y Demi, y a todos aquellos que hacen el bien
—K.S.-B.

Para Tatiana Córdoba: sin ti este libro no se habría terminado
—Y.S.

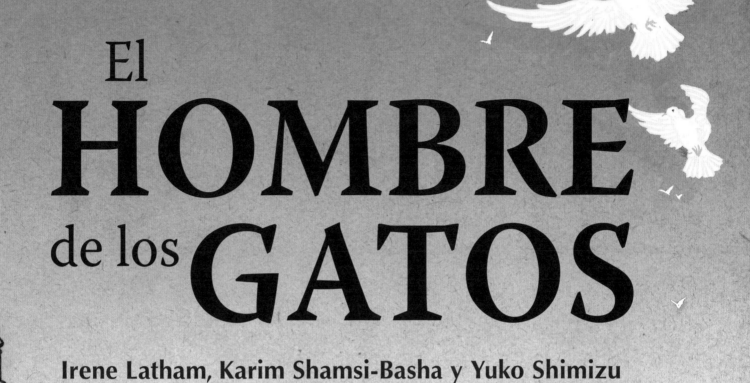

# El HOMBRE de los GATOS

Irene Latham, Karim Shamsi-Basha y Yuko Shimizu

OCÉANO Travesía

مذكرة من علاء

عزيزي القارئ:

هذه قصة عن القطط وبني آدم في زمن الحرب، ولكن الأهم انها قصة عن الحب. لقد دفعني ولعي بالقطط الى انقاذ جميع انواع الحيوان قبل ان أهب لمساعدة أطفال و اهل سوريا، بلدي الحبيبة التي زعزعتها الحرب منذ سنة ٢٠١١. العديد من القلوب الرحيمة من كل أنحاء العالم مدت لي يد المساعدة لتحسين اوضاع المعوزين والمحتاجين هناك. بفضل كرم هؤلاء صار عندنا دار للأيتام و عيادات و ملاجئ للحيوانات السائبة التي تركها أهلها بسبب ظروف الحرب. يمكنكم أيضا مساعدتنا. معا نستطيع نجدة أطفال سوريا وخلق عالم أفضل للجميع

محمد علاء الجليل

## Una nota de Alaa

Querido lector:

Ésta es una historia de gatos y guerras y personas. Pero sobre todo es una historia de amor.

Mi amor por los gatos me llevó a ayudar a todo tipo de animales, así como a adultos y a niños huérfanos a causa de la guerra que ha asolado a Siria, mi país, por siete largos años. En todo el mundo hay personas generosas que me ayudan a sostener y mejorar mi comunidad. Ya tenemos un orfanato que cuida de muchos niños, y clínicas y refugios que ayudan a muchos animales.

Tú también puedes ayudar. Recuerda: tanto la gente como los animales sufren dolor y todos merecen compasión. ¡Juntos podemos hacer del mundo un mejor lugar!

—Mohammad Alaa Aljaleel

Alaa ama su ciudad, Alepo. Ama los estrechos callejones
y los bazares bajo techo donde venden pistaches, jabón de
jazmín y za'atar verde. Ama el maíz hervido y los higos secos
que se ofrecen en la calle. Y sobre todo ama a los habitantes
de Alepo. Son amables, educados y amorosos. Como él.

Cuando la guerra llega a Alepo,
Alaa no huye como tantos otros.

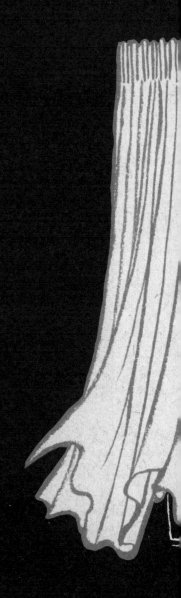

Él sigue trabajando como conductor de una
ambulancia. Maniobra hábilmente por las
calles en ruinas y lleva a los heridos a un
lugar seguro. Los consuela y los abraza.
Alaa tiene un gran corazón.

El trabajo de Alaa es importante, pero él extraña a sus seres queridos. ¿Dónde estarán ahora? ¿Se encontrarán a salvo?

Extraña la vida antes de la guerra. El centro de la ciudad de Alepo ya no resuena con sonidos vivos y fascinantes, con el aporreo de las ollas de cobre y el tradicional afilado de espadas.

Su barrio está vacío…

...excepto por los muchos gatos dejados a su suerte.

Los gatos abandonados deambulan por edificios agrietados y
merodean entre callejuelas llenas de basura, buscando comida.
Sus hogares han sido destruidos, y ya no queda nadie que les dé cariño
y los acaricie en el lomo. No hay nadie que les dé comida y agua.

Las caritas solitarias y confundidas de los gatos le recuerdan a Alaa a los seres queridos que ha perdido. ¡Han sido tantas despedidas! Tanta gente que no pudo ayudar. Tantos días de sentirse solitario y confundido él también.

Un día, de camino a su casa, Alaa detiene la ambulancia.
Dos gatos lo llaman desde las ramas de un viejo olivo.
Tres más se asoman desde un enebro de Siria. El gran
corazón de Alaa se hincha de amor por ellos. Quizá sigan
cayendo bombas, y quizá sus amigos nunca regresen a
Alepo. Pero hay algo que él puede hacer: cuidar a los gatos.

Cuando termina su turno Alaa usa el poco dinero que tiene
para comprar carne fresca.

Estaciona su ambulancia cerca de los árboles. Cuando
desenvuelve la carne, los gatos levantan sus cabezas y olisquean
el aire. Están muy, muy hambrientos.

—"Taee, atta, atta" —los llama Alaa—. Ven, bichito, bichito.
Una docena de gatos corren hacia él, las colas en alto. Les da
trocitos de carne y les habla con suavidad. Los gatos mastican
y ronronean, ronronean y mastican. Pronto sus barriguitas están
llenas, igual que el corazón de Alaa. Sonríe y acaricia a los gatos.
Los gatos le dan su cariño.

Todos los días Alaa les lleva carne y agua a los gatos. Una docena se convierte en veinte, y veinte se vuelven cincuenta. Alaa ya no puede cuidar de los gatos él solo.

—Necesito un lugar donde mantenerlos a salvo —le dice Alaa a sus vecinos—. Juntos podemos salvarlos a todos.

Se corre la voz y aparecen voluntarios. Llegan donaciones de muchos países diferentes. Todo mundo quiere ayudar a los gatos de Alepo.

Alaa reúne suficiente dinero para comprar un edificio con un patio sombreado. El santuario se llamará Casa de los Gatos de Ernesto, en memoria del amado gato de una amiga suya.

Pronto hay gatos por todos lados: gatos anaranjados, gatos con rayas, gatos blancos, gatos grises y gatos negros. Para cada gato hay un plato de comida y un tazón con agua. Ahora, cuando la gente debe abandonar Alepo, lleva sus gatos con Alaa antes de marcharse.

El amor y la esperanza llenan los corazones
de las personas que conocen la Casa de
los Gatos de Ernesto, así que mandan más
dinero. Gracias a todo este apoyo Alaa
puede rescatar también a otros animales.

Construye un patio de juego para los niños que aún viven en Alepo.

Ayuda a excavar un pozo para que todos tengan agua potable. Distribuye entre sus vecinos fruta, bollos ma'amoul y galletas barazek.

El enorme corazón de Alaa está feliz. Todo lo que hizo fue amar a los gatos y ese amor se multiplicó una y otra vez. Todavía extraña a sus seres queridos y la vida en Alepo antes de la guerra. Pero ahora lo conocen en todo el mundo como el Hombre de los Gatos de Alepo.

Alaa ama su ciudad, Alepo. Tiene la esperanza de
que un día, pronto, vuelvan los puestos de pistaches
y jabón de jazmín, y de poder disfrutar otra vez del
maíz hervido y los higos secos. Mientras tanto, ama
su patio lleno de gatos gordos de ojos somnolientos.

Es su lugar favorito en el mundo.

## Una nota de Irene

Desde que supe por internet del "Hombre de los Gatos de Alepo", en el otoño de 2016, quise compartir esta historia. Pero no estaba segura de cómo hacerlo: no soy de Siria, y mi estancia en el Medio Oriente se limita a los dos años y medio que mi familia vivió en Riyad, Arabia Saudita, cuando era niña. No fue sino hasta 2018 que uní fuerzas con Karim —una joven autora de libros para niños que emigró de Siria y que, como yo, vive en Alabama— que cobró vida este libro. ¡Gracias, Karim!

Aquí están los detalles históricos: cuando la guerra civil en Siria alcanzó la ciudad de Alepo en 2012 muchas familias huyeron para salvar sus vidas. Desafortunadamente, no pudieron llevarse sus mascotas consigo, y muchos gatos se quedaron sin hogar. En octubre de 2013 Mohammed Alaa Aljaleel, conductor de ambulancia y paramédico, supo lo que tenía que hacer: crear un refugio para gatos en su barrio de Masaken Hanano. Y eso fue exactamente lo que hizo.

Cuando la gente comenzó a enterarse de su trabajo se le unió la filántropa italiana Alessandra Abidin. Juntos crearon la página de Facebook "Il gattaro d'Aleppo" ("El hombre de los Gatos de Alepo") y comenzaron a reunir donaciones en todo el mundo. Decidieron ponerle a su primer refugio el nombre de Ernesto en honor al gato de Abidin, que había muerto de cáncer.

Los bombardeos en Alepo continuaron y Alaa se vio obligado a reubicar el refugio muchas veces. Actualmente se encuentra en el campo, al oeste de Alepo. Si quieres enterarte de las últimas noticias sobre los gatos y otros animales rescatados, y recibir información sobre donaciones, sigue a Alaa en Twitter: @theAleppoCatman y en Facebook: @TheAleppoCatMen

—*Irene Latham*

## Una nota de Karim

La situación en mi país me rompe el corazón.

Crecí en Damasco y en 1983 fui a la universidad en Alepo, una de las ciudades más hermosas que he visto. Rica en historia y cultura, Alepo se remonta a los albores de la humanidad y compite con Damasco por el título de la ciudad continuamente habitada más antigua del mundo. Desafortunadamente, la guerra actual ha destruido muchos de los tesoros históricos de Alepo. También ha obligado a millones de personas a convertirse en refugiadas y ha dejado sin hogar a miles de animales. Mohammed Alaa Aljaleel está haciendo su parte dándole refugio a seres que no pueden salvarse a sí mismos. Espero que algún día Alepo y Siria vuelvan a ser seguros para las personas y los animales. Hasta entonces, esfuerzos como los de Alaa serán considerados heroicos y nobles.

Claro que es importante contar los efectos de la guerra sobre la gente, pero, ¿qué pasa con los animales? Ellos también sufren y a veces hacen que salga nuestro héroe interior. Cuando Irene me contó sobre Alaa y me explicó que quería escribir un libro para niños de inmediato quise ayudar. Esto condujo a una amistad que nunca habría podido anticipar... ¡con el mismísimo Hombre de los Gatos! Para mí ha sido un honor hablar muchas veces con Alaa por teléfono y a través de Facebook durante la escritura de este libro. Su trabajo ahora incluye un orfanato para niños que se han quedado sin padres por la guerra. Estamos agradecidas por su apoyo y entusiasmo. Todos podemos aprender de su historia y volvernos, con suerte, seres humanos más compasivos.

—*Karim Shamsi-Basha*

## Una nota de Yuko

Como ilustradora a menudo me preguntan en dónde encuentro inspiración. En realidad mi proceso es más sobre investigación que sobre inspiración. Yo nunca he ido a Siria, pero mi tarea era que las ilustraciones de este libro fueran auténticas. La mitad de los nueve meses que tenía para completarlas la dediqué exclusivamente a investigar: leí tantos libros como me fue posible, vi tantos videos como pude encontrar, estudié fotografías con mucha atención. También, para llenar los vacíos, seguí en Twitter a periodistas y fotógrafos ciudadanos (@AmeerAlhalbi, @alessioroa, @Delilsouleman, @SyriaCivilDef, @QZakarya y @lirarain) que estaban en el lugar.

Alia Malek —cuya memoria *The Home That Was Our Country* (*El hogar que fue nuestro país*) fue el primer libro que leí— me sugirió amablemente otros libros que debía visitar, como las novelas del aclamado autor sirio Khaled Khalifa. También leí *My Country* (*Mi país*), de Kassem Eid y *Homes: A Refugee Story* (*Hogares: una historia de refugiados*), de Abu Bakr al Rabeeah y Winnie Yeung. Estos libros fueron poderosamente conmovedores y edificantes. Todavía estoy leyendo, a pesar de que el proyecto ya ha terminado, porque el conocimiento es poder y porque el aprendizaje no termina cuando se acaba un proyecto.

Fuera de Alaa y de algunos de los voluntarios y niños que visitan el santuario, la mayoría de los personajes en las ilustraciones son amalgamas de muchas personas de las fotos que reuní como referencia. No son *reales* pero tampoco son *inventadas*, ya que todo lo que

hay en cada personaje, hasta la ropa, peinado y accesorios, está basado en referencias. El escenario fue creado de un modo similar. Ha habido dos santuarios de los gatos, pero en este libro ambos están mezclados para dar a cada ilustración el efecto correcto. Muhammad Mustafa y Dina Amin, colegas egipcios, me ayudaron a escribir el árabe de forma correcta. Me enamoré de Alepo y de su gente en el proceso. Espero ir allí algún día.

—*Yukio Shimizu*

### REFERENCIAS

Borri, Francesca, *La guerra dentro* (*Polvo sirio: reportando desde el corazón de la guerra*), Bompiani, 2014

Hisham, Marwan y Molly Crabapple, *Brothers of the Gun: A Memoir of the Syrian War* (*Hermanos de armas: una memoria de la guerra siria*), One World, 2018.

Khalifa, Khaled, *La sakakin fi matabikh hadhihi al-madina* (*No hay cuchillos en las cocinas de esta ciudad*), 2013.

Malek, Alia, *The Home That Was Our Country* (*El hogar que fue nuestro país*), Bold Type Books, 2017.

Senzai, N. H., *Escape from Aleppo* (*Escape de Alepo*), Simon & Schuster, 2018.

Wendy Pearlman, *We Crossed a Bridge and It Trembled: Voices from Syria* (*Cruzamos un puente y éste temblaba: Voces de Siria*), Custom House, 2017.

Yassin-Kassab, Robin y Leila Al-Shami, *Burning Country: Syrians in Revolution and War* (*País en llamas: sirios en la revolución y la guerra*), Pluto Press, 2016.

*Last Men in Aleppo* (*Los últimos hombres en Alepo*), película dirigida por Feras Fayyad, 2017.

# El hombre de los gatos

Título original: *The cat man of Aleppo*

© 2020 Karim Shamsi-Basha e Irene Latham (texto)
© 2020 Yuko Shimizu (ilustraciones)

Esta edición se publicó según acuerdo con G.P. Putnam's Sons,
un sello de Penguin Young Readers Group, una división de Penguin
Random House LLC, a través de Sandra Bruna Agencia Literaria, S.L.

Traducción: Raquel Castro

D.R. © Editorial Océano, S.L.
Milanesat 21-23, Edificio Océano
08017 Barcelona, España
www.oceano.com

D.R. © Editorial Océano de México, S.A. de C.V.
Guillermo Barroso 17-5, col. Industrial Las Armas
Tlalnepantla de Baz, 54080, Estado de México
www.oceano.mx · www.oceanotravesia.mx

Primera edición: 2021

ISBN: 978-607-557-157-7

Depósito legal: B 5474-2021

IMPRESO EN ESPAÑA/PRINTED IN SPAIN

9005404010421